Les Trésors De Ma Vie

UN INSPIRANT RECUEIL DE POÈMES ET D'ART

par Marcella Archibald

Merci mon Dieu

Ressentez L'Apaisement, Accueillez L'Amour.

Aspirez à La Vie Que Vous Deviez Vivre.

ISBN: 978-1-6987-1218-5 (sc)
ISBN: 978-1-6987-1258-1 (hc)
ISBN: 978-1-6987-1217-8 (e)

Notre mission est de fournir le service d'édition le plus complet et de permettre à nos auteurs d'avoir du succès.
Pour découvrir comment publier votre livre à votre façon, veillez visiter notre site web à www.trafford.com

Trafford rev. 7/20/2022

Trafford
PUBLISHING® www.trafford.com
Amérique du Nord & international
sans frais: 844 688 6899 (États-Unis et Canada)
téléphone: 250 383 6864 ◆ télécopieur: 812 355 4082

Et Sa force est dans les cieux.

Psaume 68, verset 34

Il est comme un arbre planté près d'un courant d'eau qui donne son fruit en sa saison : Son feuillage ne se flétrit point et tout ce qu'il fait lui réussit.

Psaume 1, verset 3

REMERCIEMENTS

Une immense reconnaissance envers mon fils Nathaniel qui m'a offert son temps, ses connaissances techniques et un soutien sans limites afin que je puisse parvenir à cette grande réalisation.

Devon, merci pour l'amour.

À tous mes amis qui ont traversé les quatre dernières années avec moi. Merci pour la joie.

Merci à Ève pour la traduction de la version originale anglaise.

AVANT-PROPOS

La force provient de l'intérieur; le courage provient de la confiance et des croyances. Le résultat est un véritable apaisement.

Si je me fie à ma propre expérience, l'apaisement apparaît *lorsque vous croyez sincèrement que vous pouvez surmonter les situations, les événements qui surviennent dans votre vie.* Cela se manifeste dans vos relations avec les autres. Un léger changement se produit, en vous et tout autour de vous, et vous donne l'opportunité d'accueillir réellement les cadeaux qui vous sont offerts.

L'apaisement que j'ai reçu en cadeau était plus que bienvenu après ce qui avait été considéré comme une maladie incurable. Il a modifié la trajectoire de ce qui s'en allait directement vers un dénouement dramatique.

J'ai atteint la plus grande des richesses. Par conséquent, *j'ai été divinement guidée* dans l'écriture de ces poèmes. Chacune des lignes a été inspirée par cette période difficile et par mon apaisement tout au long de ce parcours complexe.

Le chemin parcouru a été long et parsemé de plusieurs embûches. C'est avec persévérance et détermination que j'ai affronté les défis qui étaient mis sur ma route.

L'Esprit m'a donné la volonté de vivre, j'estime donc qu'il est de ma responsabilité de partager ma collection de poèmes avec vous. Au travers des mots, mon histoire se dévoile pour proclamer haut et fort que peu importe les obstacles qui peuvent survenir, la détermination, la gratitude et l'immense motivation de survivre vous mèneront à un lieu plus enrichissant et valorisant que tout ce que vous auriez pu imaginer.

NOUS PARVENONS À LA RICHESSE LORSQUE NOUS POUVONS NOUS ARRÊTER
POUR COMPTER NOS BÉNÉDICTIONS.

Marcella
Octobre 2004

L'OBJET DE L'ART

16. JOIE – Et votre cœur se réjouira, et nul ne vous ravira votre joie. JEAN 16, verset 22.

17. ÉVEIL – Lève-toi, sois éclairée, car ta lumière arrive. ÉSAÏE 60, verset 1.

18. PREMIER PAS – Afin que vous suiviez ses traces. 1 PIERRE 2, verset 21.

19. ROSE – Je suis un narcisse de Saron. CANTIQUE DES CANTIQUES 2, verset 1.

20. AMI – Celui qui a beaucoup d'amis les a pour son malheur. PROVERBE 18, verset 24.

21. DOULEUR – Car j'ai appris à être content de l'état où je me trouve. PHILIPPIENS 4, verset 11.

22. SAGESSE – Et l'épée de l'Esprit qui est la parole de Dieu. ÉPHÉSIENS 6, verset 17.

23. TOUCHER – Ne touchez pas à mes oints. PSAUME 105, verset 15.

24. CHANT DE LOUANGE – Poussez vers l'Éternel des cris de joie. PSAUME 100, verset 1.

25. TRISTESSE – Bien plus nous nous glorifions même des afflictions. ROMAINS 5, verset 3.

26. CRÉATIVITÉ – Et j'ai vu qu'il n'y a rien de mieux pour l'homme que de se réjouir de ses œuvres. ECCLÉSIASTE 3, verset 22.

27. RIRES – Alors notre bouche était remplie de cris de joie. PSAUME 126, verset 2.

28. VIE – À celui qui vaincra je donnerai à manger de l'arbre de vie. APOCALYPSE 2, verset 7.

29. ESPRIT – Tu envoies ton souffle : ils sont créés. PSAUME 104, verset 30.

30. PETITE VOIX INTÉRIEURE – La voix de l'Éternel est puissante. PSAUME 29, verset 4.

**LORSQUE L'HOMME A LAISSÉ L'AMOUR DE DIEU GRANDIR EN LUI –
IL PEUT ALORS VOIR LA BEAUTÉ TOUT AUTOUR DE LUI.**

TABLE DES MATIÈRES

SOURIRE

Un sourire s'est posé sur mon visage aujourd'hui
Il a trouvé sa route jusqu'à moi
Il est venu de très loin
Pourquoi est-ce moi qu'il a choisie? Mystère

———

J'ai ouvert grand les bras au sourire qui s'est pointé
Je l'ai accueilli chaleureusement comme je le fais pour mes plus dignes invités
Je l'ai laissé se reposer sur mon visage un doux moment
Comme j'apprécie sa tendre compagnie

———

J'ai étreint le sourire comme toute bonne hôtesse
Suis tombée sous son charme
Sans question, sans réflexion
Instant empreint de bienveillance

———

Même si je savais qu'il allait tôt ou tard s'éclipser
Il est arrivé à point nommé
Comme il fait bon goûter cette parenthèse paisible
Lors des moments les plus sombres

———

Sourire, doux sourire, un trésor à contempler
Notre rencontre m'a réjouie, je renais à la vie
Petit à petit, le mystère s'estompe. Je sais désormais pourquoi tu m'as visitée.
Je suis absolument ravie que tu m'aies choisie aujourd'hui

SILENCE

Une feuille morte
Des ombres ondulant sur le mur
Mon reflet

Temps perdu

———

Pensées intimes
Flot de lumière
Rayon d'espoir

Crescendo

———

Sommeil sans fin
Rêves dénoués
Les couleurs de la solitude

Schémas de vie

LORSQUE J'ÉTAIS JEUNE

Lorsque j'étais jeune
J'ai ri tout mon soûl
Et je me suis baladée sur la plage
Je peux encore sentir les vagues
Éclaboussant mes pieds

———

Lorsque j'étais jeune
J'ai dansé tout mon soûl
Je suivais le rythme de la vie
Je peux encore entendre les mélodies qui me berçaient, il y a de ça si longtemps
Musique, si douce

———

Lorsque j'étais jeune
J'ai joué tout mon soûl
Sans modération aucune
Je peux encore fermer les yeux et m'apercevoir
Plus heureuse que jamais

———

Lorsque j'étais jeune
J'ai rêvé tout mon soûl
D'innombrables idées, impossible de les décrire
Je peux encore toucher mon cœur et me rappeler
Ces moments avec grande fierté

6

LETTRE D'UNE MÈRE À SON FILS

Suis si fière que tu sois mon fils
Je rayonne de fierté à l'infini
Des images m'effleurent tendrement l'esprit
Le bonheur attise la chaleur en moi

——•—

Tu m'emplis d'une joie sans limites chaque jour de la vie
Tous diront comme moi
Ta façon d'être enchante tout naturellement
Calme, respectueux, souverainement dévoué à la bonté

——•—

Je t'ai regardé grandir, année après année
Avec classe et légèreté, l'âge adulte a emboité le pas
Je demeure à l'écart, fièrement
Acclamant, aimant, étreignant, célébrant l'enfant

——•—

Alors que tu poursuis ton chemin
Je prie pour que tes expériences t'amènent la sagesse
Que tes blessures t'apportent le courage
Que tes amitiés se déclinent en d'innombrables souvenirs
Que tes rêves d'aujourd'hui dessinent ton avenir

GRÂCE

Ô grâce, je t'ai cherchée aujourd'hui
Le temps filait et j'ai eu besoin de prier
D'innombrables fois, je me suis assise et j'ai rêvé
Ô grâce, je t'ai cherchée aujourd'hui
Le temps filait et j'ai eu besoin de prier

——

Ô grâce, tu m'as finalement visitée, toute sereine
Les mélodies de la vie emmêlées
Doux confort et paix grandissante
Ô grâce, je t'ai cherchée aujourd'hui
Le temps filait et j'ai eu besoin de prier

10

LEVER DU JOUR

Au coeur des rayons du soleil qui descendent
Le jour se lève au travers de la fenêtre
Que dévoilera-t-il aujourd'hui
À quel point heureux, à quel point fascinant
Promesse d'un jour nouveau

———•—

Peu importe si les routes empruntées
Vous mènent vers l'inconnu
À quoi vais-je succomber aujourd'hui
À quel point aveuglé, à quel point ennuyé

Promesse d'un jour nouveau

———•—

À l'instar des traces de pas laissées dans le sable
Les images, les impressions sont gravées
Quelle magie apportera ce nouveau jour
À quel point intemporel, à quel point secret

Promesse d'un jour nouveau

———•—

Comme le jour se poursuit
Espoirs, rêves, plaisirs, passagers du temps
De quoi se souviendra-t-on
À quel point émouvant, à quel point consacré

Promesse d'un jour nouveau

BALADE

En retenant mon souffle, je me suis baladée
J'ai longé le corridor de la vie
À chacun des tournants, j'ai découvert une opportunité
Chaque fois plus grande que la précédente

Tout en murmures et en soupirs
Je me suis tissé une courageuse fierté
Chacun doit trouver le rythme de sa vie
Garder la cadence pour éviter d'être déçu

Une pensée furtive m'a traversé l'esprit
Estompée dans la mosaïque de l'œil aguerri
La persévérance doit triompher
L'occasion n'est pas donnée aux dociles et aux fragiles

Aller de l'avant avec assurance, force et détermination
Poursuivre sa route jusqu'à la victoire
Plus jamais de promenade en retenant mon souffle
Pour longer le corridor de la vie aux multiples couleurs

Désormais, mes balades se font tout en douceur
Elles ne sont plus teintées d'incertitude
Plus jalonnées de questions inutiles
Calme, contentement, humilité

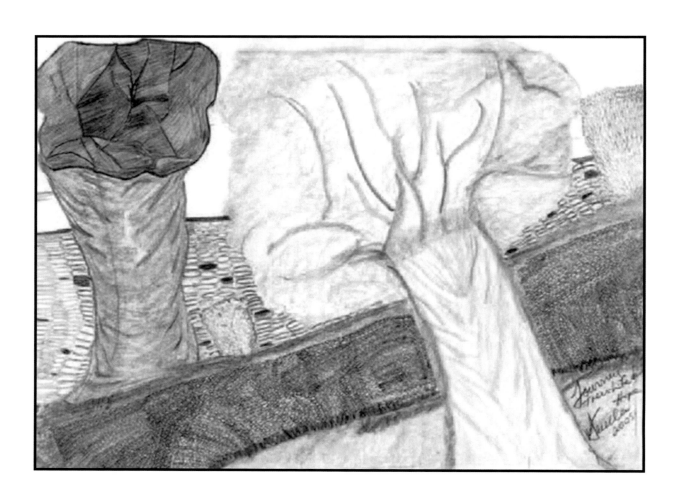

VOYAGE

Tant de jours à parcourir le monde, seule
Mon cœur était de l'aventure, mais mon âme était de pierre
Cette réalité m'a dépassée
Mon Dieu, mon Jésus, reste auprès de moi

—◦—

Mon âme gisait dans un lieu lointain
Je n'avais rien ni personne à implorer mis à part ma foi
Les mois, les saisons ont vogué à la dérive
Mon Dieu, mon Jésus, as-tu entendu mon cri?

—◦—

Élève ta voix et appelle-moi
Ton âme n'est pas perdue pour l'éternité
Les mots du cœur s'entendent dans les prières
Mon Dieu, mon Jésus, tu m'es si cher

—◦—

Le temps est venu de t'écouter
De rompre les entraves et briser les chaînes
Les mots de l'esprit seront ton guide
Mon Dieu, mon Jésus, mon Père là-haut

—◦—

Mon Dieu, mon Dieu, je suis tout à fait guérie
Les mots chantent dans mon cœur, je crois en toi
J'ai l'âme en paix, encore une fois
J'ai suivi les traces de la vérité, fière, tout doucement
Mon Dieu, mon Jésus, toujours auprès de moi

Flowers
2004

FLEURS

Avalanche de couleurs
Crescendo de senteurs
Cascade toute en rythme

— ◆ —

Enlace-moi
Éblouis-moi
Transforme-moi

— ◆ —

Éclat de soleil, lumière, arc-en-ciel
Douceur enivrante
Stimulante, mystérieuse, pure

— ◆ —

Enlace-moi
Éblouis-moi
Transforme-moi

— ◆ —

Trésor naturel
Ouvert, captivant, attrayant
Bouillonnant d'éclat

— ◆ —

Enlace-moi
Éblouis-moi
Transforme-moi

ANGE

Un ange est venu me visiter aujourd'hui
Il a murmuré : Sois remplie de gratitude, continue à prier

——— ‣ ‣ ———

Lève les yeux au ciel, m'a implorée l'ange
Il a recueilli mes prières et les portera au Seigneur

——— ‣ ‣ ———

Un ange est venu me visiter aujourd'hui
Il a murmuré : Que la paix soit avec toi, n'oublie jamais de prier

20\mathcal{O}

BÂILLEMENT

Si simple, dépourvu de respect, mais pourtant si cher
Un regard dans le miroir et qu'est-ce que j'y ai vu
Un petit bâillement. Il a fait jaillir une étincelle dans mes yeux
Je l'ai laissée reposer sur mon visage un bon moment

—— ·—· ——

Avec un grand émerveillement et une immense joie
J'ai laissé le bâillement s'emparer de moi
Je t'ai si peu vu, ces derniers temps
Le moment est venu de se pointer et s'amuser

—— ·—· ——

Ne t'en va pas, ne t'éloigne jamais de moi
J'apprécie sincèrement ta compagnie
Réconfort, bien-être et liberté
C'est ce que mon bâillement représente pour moi

22

COCON

Bien blottie dans mon cocon de solitude
Émotions étiolées, silences innombrables
Seul le vent sur mon visage

— ◆ —

Pensées intimes, exprimées à voix haute
Rêves intemporels, temps qui passe
Seul le vent sur mon visage

— ◆ —

Mots oubliés, souvenirs brisés
Profond respect, esprit déterminé
Seul le vent sur mon visage

— ◆ —

Moments insaisissables, mosaïque d'émotions
Aller de l'avant, préparer le voyage
Seul le vent sur mon visage

— ◆ —

Applaudissement silencieux, modèles d'espoir
Rayons dispersés, couleurs innommables

Seul le vent sur mon visage

BÉNÉDICTIONS

Un plein panier de bénédictions
C'est ce que je reçois chaque jour
Un plein panier de bénédictions
Chaque fois que je prie

———

Je n'ai pas eu à regarder bien loin
Je n'ai pas eu à chercher bien fort
Un plein panier de bénédictions
Aucun achat requis

———

Un plein panier de bénédictions
Vous demandez
Comment cela est-il possible?
Regardez autour de vous aujourd'hui
Et vous verrez réellement

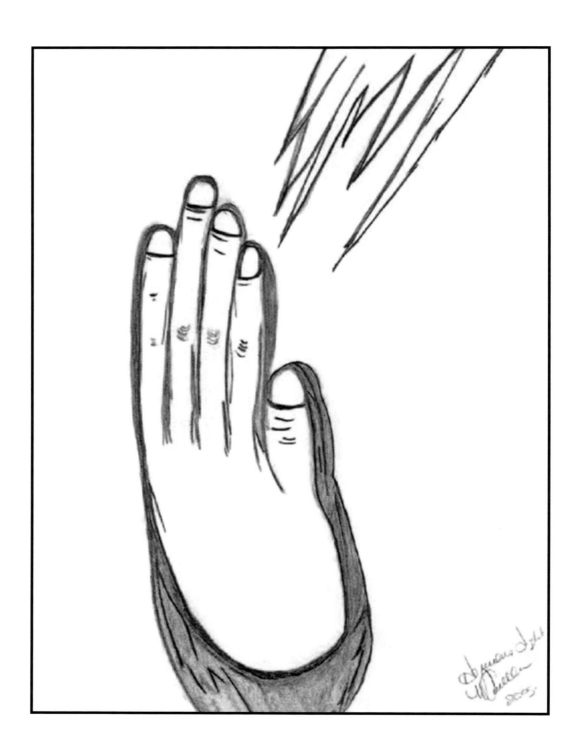

26

LUMIÈRE CÉLESTE

Aujourd'hui, j'ai eu l'impression d'abandonner
Je me suis tournée vers le Seigneur
Il m'a simplement dit : Tu n'as qu'à prier

———

J'ai attrapé les premiers mots qui me venaient à l'esprit
Je les ai murmurés à voix haute
Seigneur, de grâce, pas aujourd'hui

———

La lumière était mon phare
Une lumière que je me pensais incapable de voir
J'ai fait appel au Seigneur
Il m'a répondu

———

C'est grâce à son amour que je suis là aujourd'hui
Il m'a ouvert les yeux afin que je puisse voir clairement
Toujours, je me souviendrai toujours
Des mots qu'il m'a dits : Il te suffit de prier

LARMES

Gouttelettes invisibles
Symphonie de tendresse

Larmes

— ◦— —

Abondance d'émotions
Regard voilé

Larmes

— ◦— —

Chagrins revisités
Explication imprécise

Larmes

— ◦— —

Rêves retrouvés
Temps emprunté

Larmes

— ◦— —

Succomber à la paix
Demeurer inébranlable – l'esprit tout puissant

Larmes

30

JOIE

Symphonie de l'amour
Rythme poétique
Torrent de couleurs
Paix intérieure

—————————

L'aube qui s'éveille
Prière silencieuse
Les voix de l'espoir
Douce étreinte

—————————

Paroles de compassion
Modèles de foi
Explications silencieuses
Amour inconditionnel

ÉVEIL

Aujourd'hui, j'ai eu une importante prise de conscience
Tous mes doutes se sont envolés
Un miracle est survenu afin que je puisse enfin voir
Crois en Dieu, il te libérera

— ◆ —

Mon âme s'était égarée, on me traitait avec peu d'égard
Par ses gestes, il m'a démontré qu'il était toujours là pour moi
Un miracle est survenu afin que je puisse enfin voir
Crois en Dieu, il te libérera

— ◆ —

Mon cœur s'éveille, il bat tantôt doucement, il bat tantôt fort
Accueille pleinement la vie pour célébrer la victoire
Un miracle est survenu afin que je puisse enfin voir
Crois en Dieu, il te libérera

34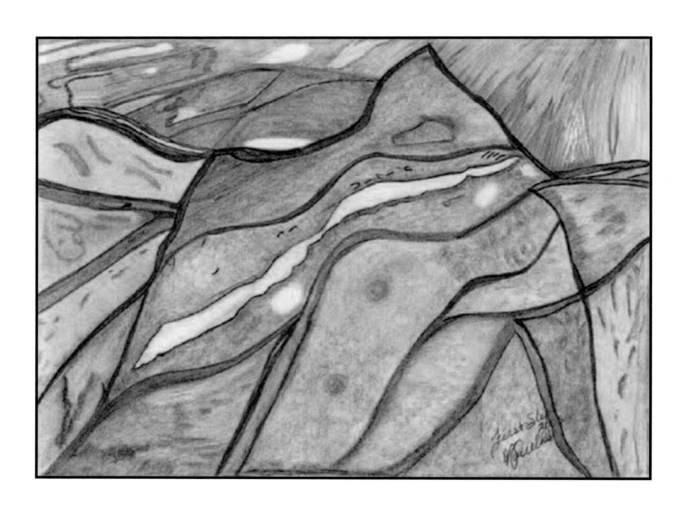

PREMIER PAS

J'aurais voulu entreprendre une balade tous les jours
Mais j'avais le souffle coupé à chacun de mes pas
Ne jamais succomber à la peur, poursuivre le combat
L'aventure n'est pas réservée qu'aux forts

———

Chacun de mes pas était empreint de courage
Pas à pas, une grande force m'habitait
Ne jamais succomber à cet orgueil insensé
Mon cœur est le plus fort, la victoire m'appartient

———

J'ai bravement foulé les chemins inexplorés
Les quatre saisons se sont confondues en une seule
Ne jamais succomber à la solitude, une autre victoire à décrocher
Si seule dans cette aventure, le silence emplit mon coeur

———

Désormais, je parcours la route avec plus de facilité
La beauté tout autour, prodigieuse
Succomber à la vie, dignement
Toujours se rappeler que tout commence par l'humilité

36

ROSE

Vêtue de sa robe éclatante
Elle s'élève majestueusement
Parfumée, vierge, pure

———

La grande beauté de la rose

———

Éventail de couleurs
Teintes et textures
Abondent
Irrésistibles, dignes

———

La grande beauté de la rose

38

AMI

Bien-être – lien indestructible
Joie – commencement inimaginable
Plaisir – sans fin

———

Respect – loyauté incontestée
Soutien – magnétisme illimité
Confiance – profonde, à la vie, à la mort

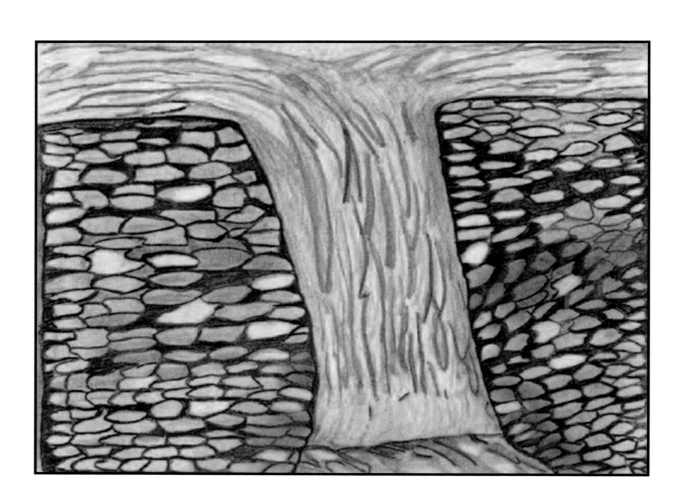

DOULEUR

Souffrances
Émotions refoulées
Une fenêtre sur ton coeur

— ◆ —

Emprise obscure
Un regard sur ton âme
Transparence

— ◆ —

Souvenirs inoubliables
Un bouquet de mots jamais exprimés
Abandon

— ◆ —

Soumission secrète
Un moment sans fin

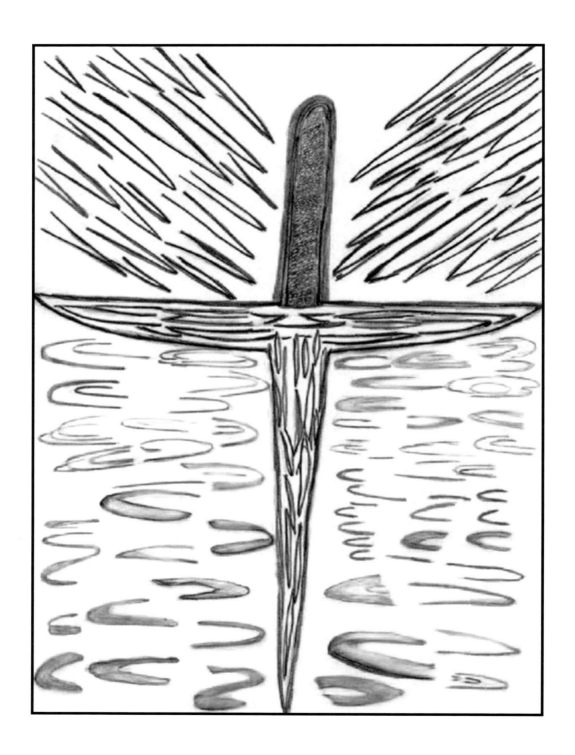

SAGESSE

Une parole jamais prononcée
Une prière faite en silence
Une pensée non exprimée
Une prière apaisante

———

Sérénité fièrement acquise
Satisfaction paisible
Quiétude intérieure
Confiance, humilité, paix
Honnêteté

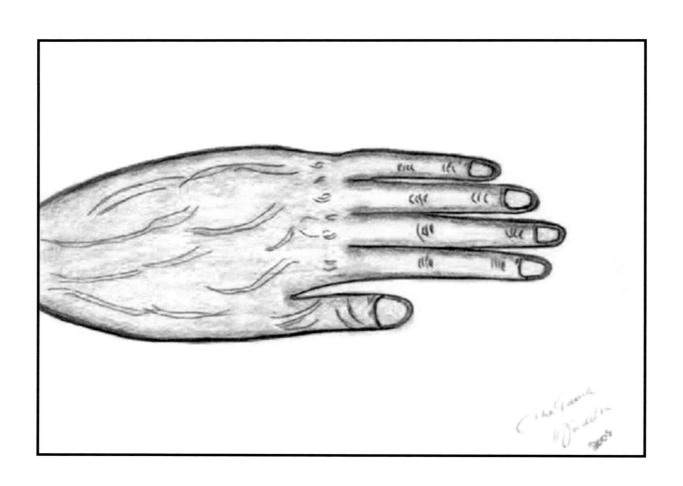

TOUCHER

Est-ce bien vrai, je me posais la question chaque jour
Assise sur mon lit, j'entamai ma prière
Pourquoi, Seigneur, cette lutte m'a-t-elle été donnée
Ma vie, mon âme accueillent la lumière

Quand tout me semblait perdu et hors d'atteinte
Le Seigneur m'a touchée comme lui seul sait le faire
Lève-toi, lève-toi et cours accomplir ton miracle
Que la paix soit avec toi. Ne te lasse pas de prier

Avec chaque jour qui passe, chaque saison qui s'achève
J'ai clairement compris ce que le Seigneur avait réalisé
Un millier d'anges pour me guider
Tendre la main. Accueillir et sauver le monde.

CHANT DE LOUANGE

Entonne un chant
De louange
Mon cœur le reprendra gaiement

— ◆ —

Mélodies
Inconnues
Aucun entraînement

— ◆ —

Silencieusement
Continuellement
J'entends ce doux murmure

— ◆ —

Nul besoin de scène
Interprétation ou création
Un réconfort dans le tumulte

— ◆ —

Entonne un chant
De louange
Mon cœur le reprendra gaiement

TRISTESSE

Comme les dunes sablonneuses
Les tranches de vie
Se posent tout doucement sur mon âme

———————

Un murmure, un souffle, un soupir
La brunante, l'aube
Disparaîtront-elles

———————

Tourbillonnent paisiblement
Ruissellent jusqu'à mon cœur
Chagrins reconnus

———————

Esquisses d'émotions
Profondément gravées
Attendant secrètement de disparaître

CRÉATIVITÉ

Un rythme encore inexploré
Tap. Tap. Tapotant
La profondeur insondable
Traversant le désordre enfoui

———

Remuer l'âme
Éveiller les idées, les pensées, les émotions arides
Encore indéniables
Reposant patiemment aux portes de la destinée

———

Destins non encore amorcés
Histoires non encore arrimées
Une avalanche d'escapades
Sculptées par l'esprit désormais affranchi

———

Jamais trop tôt
Transportant tous les mystères non résolus
Le navire bravant les flots tumultueux
Sans remords. Sans relâche

RIRES

Comme une source souterraine
Montant et descendant tour à tour
Transparente
Contagieuse
Profonde
Sans frontière

— ◆ —

Mélodies vivifiantes
Montant et descendant tour à tour
Échos
Croissants
Résonnants
Volume
Triomphe insurmontable

— ◆ —

Majestueuse beauté, création de la vie
Montant et descendant tour à tour
Multidimensionnelle
Saisissante
Émotions
Authentiques en tout temps, se laissant porter par le moment

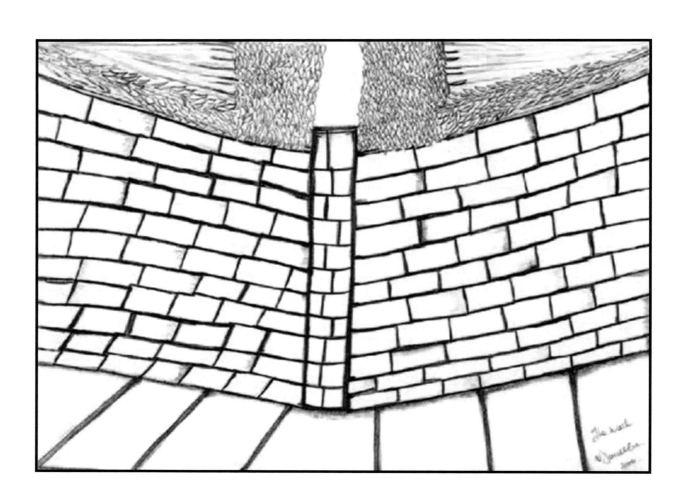

VIE

Un voyage intemporel
Enveloppé par la mise à nu
Circonstances, expériences

— ◆ —

Comme un vieux cahier, usé par le temps
Des chapitres non encore racontés
Au cœur de tout ce qui existe

— ◆ —

Une simple mélodie qui envoie des signes
Qui palpite à sa propre cadence
Qui ne succombe à rien du tout

— ◆ —

Renforcé par le temps qui passe
Beauté imparfaite, attractions réciproques
Prodigieuse splendeur, cadeau offert par l'univers

ESPRIT

Unanimité
Silence. Paix. Harmonie
Adoucis par la foi

— ◆ —

Relation
Méditation. Solitude. Apaisement
Confiés par l'amour

— ◆ —

Équilibre
Bienveillance. Joie. Bonheur
Témoins du temps

PETITE VOIX INTÉRIEURE

Est-ce un murmure que j'ai entendu
Parti de loin, il s'est rendu à moi
Je ne sais pas vraiment d'où il vient
Et sincèrement, cette idée me plaît bien

—————

Nous avons partagé un moment de paix
Il a soulagé mon coeur
Il a délivré mon âme
Tout doucement, délicatement, il m'a réconfortée

—————

Le silence m'a submergée
Je lui ai prêté une oreille attentive
Sa présence m'a dépassée
Lui si délicat, entier, réel

NOTE DE L'AUTEUR

Je suis bénie...

À travers mon chemin parsemé d'embûches, le désir qui me revenait jour après jour était celui de triompher. Avec bonheur, je me suis accrochée à la petite voix qu'il y avait à l'intérieur de moi, j'ai été aidée et guidée par mon Créateur. Lorsque rien ni personne ne pouvait apaiser ma détresse, je succombais à l'amour libre en toute confiance – profondeur inconnue.

Bénie grâce à **L'aide Divine**, j'ai appris à prier, **UN JOUR À LA FOIS** – à faire appel à Jésus pour tous mes besoins. **Je m'en réjouis aujourd'hui.**

Ce jour-là, j'ai enfin compris que la vie est une aventure. La victoire, c'est de surmonter tout ce qui est négatif avec amour, grâce, foi, confiance, force et joie.

Accueillez chaque jour votre plein panier de bénédictions avec gratitude et humilité.

J'ai encore et toujours le plaisir et le privilège de poursuivre ma route avec Jésus Christ. Son grand amour, son immense joie ont engendré un éveil gratifiant, magnifique et débordant.

Maintenant que je connais et que j'aime Dieu, ma vie est remplie d'une grande paix et d'un amour généreux. J'ai tout remis dans les mains du **Tout-Puissant** sans le moindre doute – entrave – provocation. Je peux aujourd'hui affirmer – toujours frappée par la volonté de Dieu – que toutes les réalisations – mots – pensées – actes peuvent se transformer et *éclore en apaisement.*

La Puissance De Dieu est à l'œuvre dans ma vie et dans celle de ceux que j'aime et dont je prends soin. J'affiche les talents – cadeaux – grâces que j'ai reçus avec un grand enthousiasme et une joie débordante. Aujourd'hui, le cœur et l'amour devraient vous inciter à ne rechercher que ce qui vous apportera *la plus grande des bienveillances.*

Rappelez-vous que la **plénitude de la joie** émane de l'intérieur. **L'amour de Dieu** est incommensurable et les trésors qu'il nous offre dépassent l'entendement. Aujourd'hui est un jour nouveau, une opportunité d'accueillir et de démontrer de la bonté.

Laissez **l'amour et la beauté** de Dieu *s'épanouir* dans votre vie.

L'AMOUR PUR EST LE CADEAU DE DIEU

Marcella
Novembre 2007

TÉMOIGNAGES

Faire partie du parcours spirituel de Marcella et bénéficier de sa grande générosité à me partager son histoire a été et continue d'être une expérience incroyablement émouvante et joyeuse à la fois. Elle m'a aidée et m'aide toujours à avancer (malgré mes pas parfois chancelants) dans la vie avec confiance, joie et gratitude envers Dieu. Je suis convaincue que lire son livre représentera une expérience inspirante et réconfortante. Que Dieu bénisse ma chère amie sur le chemin qu'elle parcourt.

Madame Kausalya Lokanathan

Je connais Marcella depuis plus de trente ans et je peux témoigner de la tournure tout à fait exceptionnelle des événements qui sont survenus dans sa vie personnelle au cours des quelques dernières années. Les situations qu'elle a vécues ont été telles qu'elle n'aurait pu les provoquer elle-même, même si c'était possible, puisque plusieurs impliquaient des problèmes de santé qu'elle aurait bien sûr préféré éviter. Ainsi, il n'y a aucune autre explication à tout ce qui est arrivé à part le fait qu'une intervention divine s'est produite dans sa vie – provoquant un éveil spirituel qui se poursuit encore aujourd'hui et qui l'a grandement aidée – et qui a aidé sa famille et plusieurs autres personnes aussi. Son souhait est que le présent livre représente un véritable prolongement de l'aide qu'elle a reçue et profite à d'autres gens qu'elle ne connaît pas personnellement, mais qui recherchent et espèrent une rencontre avec le Dieu de l'univers qui lui-même souhaite entrer en relation avec chacun de ceux qu'il a créés. C'est dans ce but et guidée par l'Esprit saint qu'elle publie ce livre.

Sincèrement, Carole Huggins
Montréal, novembre 2007

Ma chère amie Marcella, que je connais depuis quarante ans, est revenue dans ma vie en mars 2006. Pendant le séjour de sept semaines qu'elle a effectué chez moi, j'ai appris que grâce à l'intervention divine, Marcella avait survécu à une maladie mortelle qui avait transformé sa vie à tout jamais.

Marcella était un véritable miracle. Après la maladie, et en raison de la maladie, j'ai constaté qu'elle avait reçu en cadeau les talents pour écrire des poèmes inspirants et dessiner des œuvres ainsi que la capacité à accueillir l'aide divine. J'étais en admiration. Marcella incarnait la vraie signification de ne faire qu'un avec l'esprit du Christ puisque sa vie était désormais consacrée à la prière et à aider les autres – c'est-à-dire à effectuer le travail de Dieu. Le fait de connaître Marcella représente la sagesse, l'amour inconditionnel, la joie et la paix. Mon mari et moi nous considérons sincèrement bénis de l'avoir dans nos vies et nous sommes reconnaissants d'avoir eu l'opportunité, grâce à Marcella, d'accueillir Jésus Christ. L'aide divine que nous avons obtenue – nos vies sont maintenant transformées par la prière quotidienne, la gratitude et la réalisation de bonnes œuvres. Nos vies bénéficient d'un grand apaisement et d'un nouveau sens. Aujourd'hui, je remercie Jésus d'avoir sauvé l'âme de Marcella et de lui donner l'opportunité de toucher et transformer l'âme des autres de plusieurs façons.

Merci ma chère amie Marcella pour toutes tes prières et pour ta merveilleuse aide.

Poursuivons la route...

Noreen Smith
Vancouver, novembre 2007

AMIE

Nous ne savons jamais vraiment de quelle façon nous serons touchés. Voici une âme extraordinaire, elle a lutté contre une mort imminente et elle a obtenu l'inspiration en guise de bénédiction. Peut-être que ça avait toujours été là, tapi derrière la routine quotidienne, les besoins de la famille, les longues heures de travail qui l'ont tenue fort occupée jusqu'à ce que tout s'arrête subitement. Le temps peut être un adversaire ou un allié. Heureusement, il s'est avéré son allié.

À travers la maladie, la lumière a jailli et cette lumière est partagée.

Je t'applaudis, Louisa C.

« Dans les moments de grande noirceur, lorsqu'il n'y a aucune lumière sinon une petite bougie allumée, cette lumière a la même utilité et le même effet que plusieurs ampoules très puissantes. Dans ma vie, Marcella a été la petite bougie allumée, et dans les moments de grande noirceur, lorsque plus rien n'allait, cette petite bougie était mon phare."

18 novembre 2007
JL

Je souhaite remercier Marcella d'avoir fait entrer Dieu et Jésus Christ dans ma vie de tous les jours. À vrai dire, depuis que j'ai rencontré Marcella, j'ai appris à prier Dieu à travers son fils Jésus Christ, ses anges, archanges et autres dans les cieux. Chaque matin ou presque, dès mon réveil, je remercie Dieu pour la nouvelle journée (particulièrement lors des journées ensoleillées). Depuis que j'ai rencontré Marcella, j'ai appris à apprécier le fait que nous traversons tous de bonnes périodes et de mauvaises périodes dans nos vies. Ainsi, nous devons chérir les bonnes périodes et les moments de bonheur, mais aussi surmonter les mauvaises périodes afin d'éviter qu'elles ne s'aggravent davantage. Il est parfois difficile de voir le bon côté des choses lorsque tout ne fonctionne pas comme nous l'avions prévu, mais en priant Dieu et en lui demandant, à travers son fils Jésus Christ, d'intervenir, nous pouvons parfois traverser les montagnes – j'ai moi-même constaté les résultats et lorsque je n'obtenais pas exactement ce que j'avais demandé, je recevais quelque chose de semblable. Je ne désespère plus et je sais maintenant que Dieu est là pour nous aider et nous guider lorsque nous faisons appel à lui. Je crois en Dieu plus que jamais.

Merci
18 novembre 2007
PD

Avec Marcella, j'ai vécu une incroyable expérience d'amour, de passion et de partage de VÉRITÉ qui a véritablement inspiré mon âme. Sa foi et son expérience de la puissance et de l'amour de Dieu ont été une bénédiction dans ma vie.

J'ai aimé les moments que nous avons passés ensemble et j'ai pu constater comment l'esprit de notre Seigneur est à ses côtés à chacun de ses pas. Tous ceux qui rencontrent Dieu à travers elle peuvent voir et ressentir la force du véritable apaisement qui survient lorsque l'amour se manifeste dans un cœur pur. Merci pour ton chemin vers la paix. Que Dieu te bénisse. Je t'aime, Tania.

Tania Fierro, BA, PCCT, MA

Moi, Jessica, suis bénie d'avoir eu l'opportunité de rencontrer Marcella. Quelle joie et quel réconfort que cette expérience vécue avec Marcella puisqu'elle accompagne le Christ et nous livre les messages qu'Il nous adresse.

Elle m'a partagé l'histoire de sa transformation; elle a parlé de la beauté, de la joie, de l'abondance d'amour que l'on ressent lorsque l'on voyage avec Dieu, avec Jésus Christ.

À travers les paroles d'amour, d'inspiration, mon cœur s'est ouvert à Dieu, à Jésus. Maintenant, j'ai moi aussi été le témoin d'un grand changement dans ma vie, dans la vie de ma fille.

Merci Marcella
Louange à Dieu
Jessica
Vancouver

Une nouvelle voie… Ah, Marcella. Avec une certaine appréhension, nous avons emprunté une nouvelle route, sachant bien qu'une métamorphose était en train de se produire; que nous sommes en constante évolution et non un simple produit fini, découvrant notre intériorité et des profondeurs que nous ne soupçonnions pas et qui se révèlent à nous ou sont sur le point de le faire.

David
Vancouver

Bonjour Marcella

L'encouragement représente de l'oxygène pour l'âme et tu as très certainement été une inspiration et une motivation pour moi pendant ces quatre semaines.

Merci pour tous tes bons mots et tes bons gestes. Je me souviendrai toujours de toi et je prierai toujours pour toi. J'espère que tu continueras à être un rayon de lumière et d'espoir dans la vie des autres.

Que Dieu te bénisse!!!
Andrew W.
Tortolla – Îles Vierges britanniques

À Marcella

Certains diront qu'il s'agit d'une rencontre fortuite – mais je sais que la rencontre de nos vies était écrite dans le ciel et que ton champ d'influence s'est approfondi pour toujours. Tes convictions profondes m'ont si fortement touché qu'elles ont changé ma vie à jamais.

Maintenant, je sais profondément qu'il faut vivre selon la parole de Dieu. Ma nouvelle quête est de faire connaître cet enseignement à autant de gens que possible. Pour moi, la paix intérieure et la joie que cela me procure dépassent tous les trésors de la terre.

Avec amour, Learie
Ontario

Très chère Marcella,

Un immense merci pour ton aide spirituelle. Tu es une vraie inspiration pour moi. Tu m'as donné ce qu'il me fallait pour changer le cours de ma vie. En suivant la route du Christ, tu m'as aidée à effacer la négativité et à ramener la joie dans ma vie. Un immense merci. Que Dieu continue à vous protéger, toi et ta famille. En espérant que tu pourras continuer à aider les autres.

Je t'aime
Bernadine
Ontario

Fidèle chercheuse de la vérité et de la lumière divines
Amoureuse de Jésus, tu nous démontres son amour

Tu nous dévoiles sa parole et son enseignement
Nous rappelant que nous devons croire et espérer en Jésus

Une amie dans ses gestes, de près ou de loin
La sœur du Christ, une étoile scintillante
Un rayon de soleil sous un ciel nuageux
Tu resteras dans mon cœur à tout jamais

Que Dieu continue à te couvrir de ses grâces
Et que tu puisses guider plusieurs âmes vers le royaume des cieux
Au nom de notre Seigneur Jésus Christ

Avec amour,
Lucia

Tu as réussi…

Les mots et images partagés dans ce livre représentent tellement plus que tout ce qui ne pourra jamais être transmis à ceux qui en prendront connaissance.

Un merveilleux témoignage de la force, du courage et de la foi sans borne dont tu as fait preuve pour surmonter les obstacles alors que plusieurs auraient été tout à fait désespérés.

Une discussion intime sur les plaisirs et les souffrances de la vie.

Ta vie.

Enseignant, réconfortant et ravivant l'âme de ceux qui ont besoin d'être guidés.

Que ce livre, une manifestation des fruits de tes efforts, puisse nourrir les esprits, les corps et les âmes de ceux qui en ont besoin.

Félicitations
Nathaniel

Mon parcours…

La suite du parcours...

La suite du parcours...

La suite du parcours...

L'AVENTURE SE POURSUIT…